magic formula

create the life of your dreams and beyond

harald rothermel

magic formula

claim your inner value

one book in three languages

authorHOUSE®

AuthorHouse™
1663 Liberty Drive
Bloomington, IN 47403
www.authorhouse.com
Phone: 1-800-839-8640

Flower photo by bagal www.pixelio.de

Published by AuthorHouse   12/18/2012

ISBN: 978-1-4772-4620-7 (sc)
ISBN: 978-1-4772-4621-4 (hc)
ISBN: 978-1-4772-4622-1 (e)

This book is printed on acid-free paper.

"absolutely love it! your book really touched my soul –
thank you!
i literally felt my heart expand as i read it. *magic formula* is
food for the soul. congratulations!"

bec james, australia

"before anything else, i like the book in front of me
as a manual or map which everybody can apply to their own
`territory´."

antónio ramos dias, portugal

keep things as simple as possible,
but no simpler.

albert einstein

author´s note.

dear reader.
at this moment of time, a dream is coming true. a dream that i didn´t even have knowledge of having. the dream to be a writer. publishing my first book makes me aware that i found my place in life. things are starting to fit in, almost magically. i feel very enthusiastic that you hold my first book in your hand right now. being able to share my message with you is a privilege for me. i hope this book might be of great usage along your journey through this lifetime. for myself, i have been getting great benefits out of *magic formula*.

about the book.

i wrote this book as a proposal. it´s meant to be a tool for you to access the intrinsic joy, happiness and fulfillment in (your) life. it´s my vision that this book becomes full of you. i believe that we are the creators of our own reality. i don´t want to create anything in your life. i am not here to tell you what or how to do. you know the best, you are the expert on yourself.

i only wrote the words, that i found strictly necessary. simplicity is one of the major keys to perfect understanding and happiness. i wish this book to come alive through your inspiration and creativity. i wish to contribute to your growth, learning and expansion, because expansion is our natural state. i would love this book to be a contribution for you to let go of resistance and insistence and come back into the flow of (your) life and regain your natural state of health, ease and well-being. just let go and be(come).

finding the message that we want to tell ourselves, is crucial in my point of view. the message that comes out of your inner wisdom, the still small voice within, your inner truth, your soul, whatever term you prefer to use. not the message of your head, that one you listen to all day long. no, i am talking about *your* message.

1

i wish that this book can assist you in changing aspects of your life, that you would like to change. that for it is a practical book that you can use every day. please fill it with your own words, drawings, scribbles etc., let it grow with you.

foreword.

the magic formula for a fulfilling and happy life i present to you in this book, consists of two parts, the secret and an action:

the secret:

the power for everything lies in me

and:

i alone determine the reality that i experience

everything in my life depends on me

the commitment is always with myself

the action:

the action, that i propose to you exists to recover *the secret* from the unconscious, back into your consciousness. i believe, that deep down inside of you, you always knew this. and i believe also that it became a secret, because you forgot about it and have been hiding this ancient knowledge in the unconscious part of your mind.
over the following lines i'll describe a concrete action, that you can take to recover it. please note that this method is *my* proposal. you might find other ways that work better for you to bring the secret back into your constant consciousness.

how you can use magic formula:

since we are in our essence all the same and part of the same spiritual reality, the secret behind everything is only one. and it sits deep down inside of us, saved forever.

since we are different in our life-experience and see different things in different ways and recognize different things as appealing or repulsive to us, we are apparently all different. for that we express the secret on this physical plane in different ways, although, in its essence it stays unchanged.

you can discover your own private, meaningful, effective magic formula with this book and use it in a simple and life-changing way:

if it feels right for you, open this book anywhere you like* between pages 7 and 53 and pick the phrase that found you. read it out loud and observe if and how it resonates within yourself. if it resonates at all, read it out loud another several times and observe what comes alive inside of you. just observe, it´s important that you just observe and breathe deep and slowly . . . . then mark the page in any way you like or copy the phrase to anywhere you choose and when you feel like it, pick the next one to do the same procedure. then pick the next one and the next one and so on.

you probably will find a certain number of phrases that resonate within you. it can be between one up to all of them. i'm sure that at least one will resonate within you.

then write the ones that resonate with you, that really inspire you, onto one of the blank pages at the end of the book or somewhere else and say them out loud every morning for at least ten times in a row, once or more times per day, every day, every day, every day, every day. i suggest that you say them in front of a mirror, so you´ll be even more focused on yourself and you´ll have a chance to look into your eyes with love.

by repeating them every day you will find the strongest ones. keep them, join other ones out of the book or from somewhere else, make them fun, change them, personalize them and keep changing as you go along. in a few days you will have discovered your own strong, flexible, magic formula that appeals to you and is able to create major changes in your life towards and beyond your dreams. just by repeating your special, intimate secret every day. see it as a daily workout that you give to yourself as a present.

allow some time for the changes to come into manifestation, it varies a lot from person to person. it depends on you. because you are the master of yourself. your way is your way.

if the magic formula doesn't work for you right now, keep the book and come back to it whenever it feels right for you.

if this book works for you then you´ll have your own private magic formula always with you in your mind and can use it in all sort of situations that might come up. let it be fun and alive, changing it always when you feel like. in fact, you keep changing constantly, so your magic formula will keep changing also.
consider creating special versions that appeal to you, for special types of situations or difficulties. just remember:

everything in your life is your responsibility

the analogy.

the analogy for the secret and the magic formula is simple, like the simple trick (his secret) behind the magician´s illusion that makes you feel flabbergasted because you believe that he did something outstandingly complicated. you try to explain how he did it and come up with lots of the most miraculous explanations for this, and you never see the simplicity of the trick. if the magician actually shows you the secret of his trick, you´ll be disappointed, because you were expecting something really special and spectacular.

please check if this is true for you: day after day you mislead yourself into illusion, you try to explain the meaning of life, the meaning of things, the meaning of everything and you come up with the most exotic theories about it, but you insist in not seeing the simple truth behind your experience in this dimension.

and the truth, written deep down inside of you, is as simple as the secret mentioned above.

"what?"

"that's it?" you'll say, and the only thing i can answer is:

yes. :)

the only thing that distinguishes a good magician, is his sleight of hand, which he acquired through extensive training (the action). it's the same with the magic formula: the effects will become consistent, visible and perceivable through constant repetition. in addition, the people around you will notice your positive changes and will be enchanted, the same way you are enchanted by the magicians illusion.

now, watch out: to believe that this will happen in a linear way is just another illusion, nothing in our progress through this planet is linear!

i invite you to try this simple and enormously powerful exercise for a period of 33 days** or more. i would love to know how it is working out for you. please send me your feedback whenever you feel like.

I wish you enormous pleasure finding and playing with your own special magic formula.

* if you have the e-book version in front of you, please print it out. if you choose not to print it, just close your eyes and scroll down the pages

with the phrases, open your eyes and pick the phrase that jumps at your eyes. go on as described in the text.

**a period of 33 days is considered to be the minimum time in order to install new habits.

do you want to reinvent your live?

then start by reinventing yourself,

now!

i am everything in potential

i use what works for me and
let go of what does not work anymore

the responsibility is all mine

i do everything in my own interest

i create my reality in every moment

i am energy

i am light

i am constantly changing

everything is constantly changing

i let go

i let be

we are all part of the same consciousness and energy

my physical form is a temporary state
that i've chosen to be in

i determine what i do, always

i can change everything

observation is the most powerful tool to create change

i am tranquil in the midst of adversity

time is an illusion, my illusion

i find new and inspiring solutions every second

the whole universe supports me in everything
that i really want

i am breaking down my own conditioning
that i´ve created

all things are possible

what seems to be impossible today,
tomorrow will be common sense

everything serves my own growth and learning

nothing really happened, it´s just fine

i am totally o.k. the way i am

i care for myself

i always do what i want

i was born naked and i will die naked

i live out of my inspiration

i don´t hurt myself and i don´t hurt others

i trust

i can

i accept

i love

i am love

the world is exactly like i see it

i have access to all the wisdom and knowledge i need

i am conscious

i am expanding

i expand in the midst of contraction

whatever is, is

i learn and grow in all situations

i only do what i want and love to do

first i care for myself so i can care for others

i am calm and tranquil as a summer lake

i am strong

thanks.

i express my deep gratitude to all human beings who crossed my way in this life, from whom i received support through presence, example, spoken or written words etc.

i thank you from deep down in my heart for the opportunity of learning, growing and upliftment.

and i thank you, dear reader, for being yourself.

watch out.

it takes great courage to change old habits and look into the eyes of the divine self inside of you. it´s up to you if you continue the same as always or if you seize the opportunity and give your life a vigorous shake on a regular basis, in order to open up for the changes that are awaiting you. i desire that *magic formula* might be of great support in this process of shaking you up.

if you ever come to the point where you think you got it, the point where suddenly everything is clear, the point where you think that you know it all, then please don´t stop, just say "etc., etc . . ." and continue your journey through life.

this is important to keep moving, because movement and growth are very important parts of this life-experience. in order to maintain the momentum of movement and change, i see it as indispensable to be as much in tune with yourself as possible. by doing what you love you are driven by the constantly available life-energy.

end word.

i wrote this book in may 2010 in half an hour. it came to me and i wrote it down. it was like a dream.

i did exercise my own magic formula for 110 days in a row and it was a marvelous experience of being intimately connected with myself every day. i have been cultivating being with myself on a daily basis and the magic formula has been my companion since then.

i held *magic formula* simple on purpose, because i created it to lead to the simplicity of life, that you possibly forgot. i suggest that you fill this book with your own experiences, stories, truths, feelings, needs, comments, thoughts, drawings, observations etc. make it yours.

it´s my intention to write everything in this book in a positive form that is pro-life. i am convinced that with the expression of negative content i lead myself to negative places and with the expression of positive content i lead myself to positive places.

i wish to contribute with this book to your happiness, growth and learning and it´s my dream to contribute to the happiness, growth and learning of millions of other people. that for, i ask you kindly to share *magic formula* with everybody you know.
i am grateful.

after having tried the magic formula over a period of 33 days or more, please send me your feedback. by doing so, you will contribute to meet my needs for connection, growth and support. if you don´t want to try the magic formula, please send me your feedback anyway to tell me what you think about it and what came alive in you by reading the book.

i wish you lots of love, light, learning and growth every day of your wonderful life.

harald rothermel

blog: www.awaykening.net

site: www.awaykening.com

mail: rothermel.harald@gmail.com

happiness is the meaning and the purpose of life,
the whole aim and end of human existence.

aristotle

and now:

magic formula

in portuguese

cria a vida dos teus sonhos e para além deles

harald rothermel

fórmula mágica

reivindica o teu valor interior

um livro em três línguas

authorHOUSE®

AuthorHouse TM
1663 Liberty Drive
Bloomington, IN 47403
www.authorhouse.com
Telefone: +1-800-839-8640

Publicado por AuthorHouse em 18 de Dezembro de 2012

ISBN: 978-1-4772-4620-7 (livro de bolso)
ISBN: 978-1-4772-4621-4 (capa dura)
ISBN: 978-1-4772-4622-1 (e-book)

Fotografia da flor na capa © bagal www.pixelio.de

Este livro foi impresso em papel sem ácido.

o poder está todo nas tuas mãos. esta é a mensagem.

tu tens todas as capacidades para transformar a tua vida em uma experiência mágica. com *fórmula mágica* recebes uma descrição e um manual para um exercício simples e ao mesmo tempo muito eficaz e transformador. sê a tua própria inspiração e cria a vida que está em harmonia com a tua unicidade pessoal. este livro prático e muito simples desafia-te a encarares a luz magnífica que tens dentro de ti.

a apresentação de *fórmula mágica* em três línguas permite-te partilhá-lo com mais pessoas nos teus círculos de amizades.

 harald rothermel estuda o porquê e o como da existência humana desde muito cedo. a sua abordagem prática e simples acerca destas questões facilita a compreensão e o uso dos seus escritos por todas as pessoas. a sua linguagem provocadora e não-conclusiva ajuda-te a questionar a tua própria existência e condição enquanto ser humano. a visão e o sonho de harald são os de ajudar-te a ti e a milhões de outros a avançarem na própria aprendizagem, crescimento e elevação para patamares superiores.

"harald! amo-o!
o teu livro realmente tocou-me a alma – obrigada!
ao lê-lo senti o coração expandir. fórmula mágica é
alimento para a alma. parabéns!"

bec james, austrália

"antes de mais, gostei do livro que se apresenta mais
como um manual ou mapa que cada um pode aplicar
ao seu `terreno´."

antónio ramos dias, portugal

torna as coisas o mais simples possível,
mas não mais simples do que isso.

albert einstein

nota do autor.

querido leitor,
eu estou a presenciar um sonho a realizar-se. um sonho que nem sabia que tinha. o sonho de ser escritor. ao publicar este meu primeiro livro, perceciono que encontrei o meu lugar na vida, as coisas estão a acontecer e a encaixar-se como por magia. estou super entusiasmado que tenhas este meu primeiro livro na tua mão agora. é um privilégio para mim que lês aquilo que tenho para partilhar contigo. eu desejo que possa ser uma mais valia na tua viagem por esta vida. na minha vida a fórmula mágica tem vindo a ser muito útil para o meu progresso.

sobre o livro.

escrevi este livro como proposta para ti. gostaria que seja uma ferramenta útil para que tu possas ter acesso à alegria, á felicidade e à realização intrínsecas à (tua) vida. adoraria que este livro possa ficar cheio de ti, porque eu acredito que somos criadores da nossa própria realidade. não quero criar rigorosamente nada na tua vida. não existo para te dizer como ou o quê fazer. tu és a pessoa que o sabe melhor, tu és o *expert* da tua vida.

só escrevi as palavras que me parecem estritamente necessárias. simplicidade é a meu ver, sinónimo para compreensão e felicidade. adoraria que este livro viva pela tua inspiração e criatividade. desejo contribuir para o teu crescimento, aprendizagem e expansão, porque a expansão é a nossa condição natural. gostaria que este livro contribua para que possas deixar de resistir ou de insistir e voltar ao fluxo da (tua) vida e que recuperes a tua condição natural de saúde, à-vontade e bem-estar. simplesmente solta e sê.

a meu ver, encontrar a mensagem que nós queremos entregar a nós mesmos, é crucial. encontrar a mensagem que surge da tua sabedoria interior, aquela voz ainda baixinha, a tua alma, a tua inspiração divina, não importa o termo que queiras usar, o que interessa é a mensagem que vem daí. não a mensagem da tua cabeça, a essa já assistes o dia todo. estou a falar da *tua* mensagem.

quero muito que este livro possa apoiar-te na tua vontade de mudar aspetos da tua vida. é por isso um livro prático para ser usado diariamente. enche-o com as tuas próprias palavras, desenhos, rabiscos etc., deixa-o crescer contigo.

prefácio.

a fórmula mágica para uma vida de satisfação e felicidade que eu apresento neste livro, consiste em duas partes: no segredo e numa ação:

o segredo:

o poder está todo dentro de mim

e:

eu sozinho determino a realidade que vivencio

tudo na minha vida depende de mim

o compromisso é sempre comigo

a ação:

a ação consiste em reaver o segredo do inconsciente de volta à consciência. acredito que lá no fundo, dentro de ti, tu sabes isso desde sempre. esse conhecimento tornou-se um segredo, porque o esquecemos e guardámo-lo na parte inconsciente da nossa mente. a ação concreta que podes empregar para recuperá-lo, descrevo a seguir. por favor, toma nota que este método é apenas a *minha* proposta. poderás encontrar outras maneiras que funcionem melhor para ti para reavivares o segredo dentro de ti.

como podes usar este livro:

já que somos todos o mesmo em essência e fazemos todos parte do mesmo, o segredo por detrás de tudo também é o mesmo. e está guardado bem lá no fundo de cada um de nós.

e como somos diferentes no que concerne à nossa experiência de vida, como vemos as coisas de maneira diferente e são diferentes as coisas que nos atraem ou repugnam, somos aparentemente todos diferentes.

por isso expressamos a fórmula mágica de maneiras diferentes, embora na sua essência se mantenha inalterada.

através deste livro podes descobrir a tua própria, particular, efetiva e profunda fórmula mágica, de uma forma simples e transformativa:

se te apetecer, abre este livro num sítio qualquer* entre as páginas 73 e 119 e olha a frase que te descobriu. lê-a em voz alta e sente como ela ressoa dentro de ti. se ressoar, lê-a em voz alta mais algumas vezes e observa, o que é que se torna vivo dentro de ti. apenas observa.
é importante que te limites a observar, e a respirar, profunda e vagarosamente . . .
de seguida, marca a página de uma forma que te agrade ou copia-a para um sítio da tua escolha. depois abre novamente o livro ao calhas e procede da mesma forma. depois busca mais uma frase e assim sucessivamente.

provavelmente encontrarás um certo número de frases que ressoam dentro de ti. poderá ser qualquer número entre uma e todas as frases. tenho a certeza que encontrarás pelo menos uma que ressoa em ti.

anota aquelas que ressoam em ti, que realmente te inspiram, numa das folhas brancas no final do livro e declama-as de manhã, pelo menos dez vezes ou mais seguidas, uma ou mais vezes por dia, todos os dias. sugiro que o faças perante o espelho para poderes ficar centrado em ti mesmo e olhares nos teus olhos com amor.

ao repeti-las todos os dias encontrarás as frases mais fortes. mantém-nas e junta-as a outras deste livro, de outra fonte ou da tua intuição, muda-as, personaliza-as e continua a alterá-las conforme vais sentindo necessidade e caminhando para a frente. em pouco tempo terás encontrado a tua própria e pessoal, forte e flexível fórmula mágica, que seja divertida, que seja atrativa e que é capaz de provocar mudanças profundas na tua vida em direção aos teus sonhos. somente por repetir a tua fórmula mágica especial diariamente.

permite algum tempo para que as mudanças se possam manifestar. isso varia muito de pessoa para pessoa. encontrarás a tua maneira de fazer isto, porque tu és o mestre de ti mesmo, tu sabes o que melhor funciona para ti. o teu caminho é o *teu* caminho.

se a fórmula mágica não funcionar contigo neste momento, fica com o livro e volta a ele noutra hora, quando tiveres a sensação que chegou o momento para tal.

se funcionar todavia, ficaste com uma fórmula mágica, só tua, que estará sempre na tua mente e que poderás utilizar em todo o tipo de situações. mantém-na divertida e viva, muda-a sempre que te apetecer. é um facto que tu estás constantemente a mudar. assim, a tua fórmula mágica vai mudando também.
uma sugestão: podes criar fórmulas mágicas para determinados tipos de situações ou dificuldades. e lembra-te sempre:

tudo na tua vida é da tua responsabilidade

a analogia.

a melhor analogia que encontrei para descrever a fórmula mágica e o seu segredo, é o truque simples (o segredo), por detrás da ilusão do mágico que te faz ficar assarapantado porque queres acreditar que ele fez algo invulgarmente extraordinário. procuras explicar como é que ele fez aquilo e inventas as mais miraculosas justificações para uma coisa que não consegues explicar no momento presente. e nunca vês a simplicidade do truque. se o mágico te explicar o truque e mostrar como fez aquilo, tu ficarias desiludido porque estavas á espera de algo espetacular e super especial.

por favor verifica se isto acontece contigo: vais-te iludindo dia após dia da tua vida, procuras explicar o sentido da vida, o significado das coisas, o significado de tudo e vens com as teorias mais extravagantes, e nunca vês a simples verdade por detrás da vida.
e a verdade é tão simples como o segredo, que está escrito lá no fundo de ti.
o quê? só isso? - vais dizer, e a única coisa que te posso responder é
sim. :)

a única coisa que distingue um bom mágico é a sua destreza de dedos que adquiriu através de treino intensivo (a ação). passa-se o mesmo com a fórmula mágica: os efeitos se tornarão visíveis e percetíveis através da prática constante. além disso, as pessoas à tua volta irão notar que estás a mudar de forma positiva e ficarão encantadas, da mesma forma que tu ficas encantado pela ilusão do mágico.

agora, atenção: acreditares que isto acontece de forma linear, é só mais uma ilusão. nada no nosso progresso nesta terra é linear!

convido-te a experimentar este simples e ao mesmo tempo poderoso exercício durante um período de 33 dias ou mais**. depois ou durante, por favor, envia-me o teu feedback, adoraria que partilhasses o teu progresso comigo.

desejo-te um enorme prazer ao encontrar a tua própria, especial e reveladora fórmula mágica.

* se tiveres a versão e-book a tua frente, por favor imprime-o. se escolheres não imprimi-lo, fecha os olhos e faz scroll nas páginas das frases, abre os olhos e pega na frase que te encontrou. segue como descrito no texto.

**um período de pelo 33 dias é considerado o mínimo de tempo para fixar novos hábitos.

queres reinventar a tua vida?

então começa por reinventar-te a ti mesmo,

agora!

eu sou tudo em potencial

utilizo o que funciona e
abandono o que já não funciona

a responsabilidade é toda minha

faço tudo no meu próprio interesse

crio a minha própria realidade a cada momento

sou energia

sou luz

estou constantemente a mudar

tudo está constantemente a mudar

deixo ir

deixo ser

todos somos parte da mesma consciência e energia

a minha forma física é um estado temporário
escolhido por mim

eu determino o que faço, sempre

posso mudar tudo

a observação é a ferramenta mais poderosa
para criar a mudança

estou tranquilo no meio de adversidade

o tempo é uma ilusão, a minha ilusão

.

encontro soluções novas e diferentes a cada segundo

todo o universo apoia-me em tudo que
realmente quero

estou a decompor os meus condicionalismos que criei

todas as coisas são possíveis

o que hoje parece impossível,
amanhã será senso comum

tudo serve o meu próprio crescimento e aprendizagem

na realidade não aconteceu nada, está tudo bem

estou muito bem tal como sou

cuido de mim

faço sempre aquilo que quero

nasci nu e morrerei nu

vivo a partir da minha inspiração

não me magoo a mim nem aos outros

confio

posso

aceito

amo

sou amor

o mundo é tal como eu o vejo

tenho acesso a toda a sabedoria e conhecimento
que preciso

sou consciente

estou a expandir

expando no meio de contração

o que é, é

eu aprendo e cresço em todas as situações

só faço o que quero e adoro

primeiro cuido de mim para poder cuidar dos outros

sou calmo e tranquilo como um lago no verão

sou forte

grato.

expresso a minha profunda gratidão a todos os seres humanos que se cruzaram comigo nesta vida e de quem recebi apoio e suporte através da sua presença, exemplos, amizade, palavras faladas e escritas e todo o resto.

agradeço do fundo do coração pela oportunidade de aprender, crescer e elevar-me.

e agradeço a ti, querido leitor por seres tu mesmo.

atenção.

é preciso muita coragem para alterar e mudar velhos hábitos e olhar de frente para o divino dentro de ti. a decisão é tua, podes continuar igual ao passado ou podes pegar na tua vida e abaná-la rigorosa e regularmente para que estejas pronto para as mudanças que se queiram realizar. este livro existe para te assistir neste processo do *sacudir*.

se alguma vez chegares ao ponto em que achas que está tudo claro, que já encontraste o caminho e que já sabes tudo, então nessa altura, por favor não pares! diz apenas "etc., etc . . ." e segue em frente na tua caminhada. isso é importante para que não estagnes, porque crescimento e movimento são partes integrantes desta vida.

para manter o momentum do movimento e mudança acredito que é indispensável estar o mais possível em consonância contigo mesmo. e só tu sabes o que significa estar em consonância contigo. ao fazer o que adoras, és continuamente ativado pela energia de vida.

palavra final.

escrevi este livro em maio de 2010 em meia hora. veio a mim e eu anotei. foi como num sonho. depois exercitei minha fórmula mágica durante 110 dias sem parar e foi uma experiência maravilhosa de estar continuamente conectado comigo mesmo todos os dias. tenho cultivado o estar comigo diariamente e a fórmula mágica tem sido a minha companheira desde então.

este livro é simples por minha vontade, tendo sido criado para conduzir-te à simplicidade da vida que possivelmente te esqueceste. sugiro que enchas este livro com as tuas próprias experiências, histórias, verdades, sentimentos, necessidades, comentários, pensamentos, desenhos, observações etc., torna-o realmente teu.

a minha intenção é escrever tudo neste livro numa forma positiva, ou seja pró-vida, porque estou convicto que com a expressão de conteúdo negativo me conduza a lugares negativos e com a expressão de conteúdo positivo me conduza a lugares positivos.

é o meu profundo desejo contribuir com este livro para a tua felicidade, crescimento e aprendizagem e é o meu sonho expresso de contribuir para a felicidade, crescimento e aprendizagem de milhões de outras pessoas. por isso, peço-te que partilhes este livro com toda a gente que conheças.
sinto-me desde já grato.

depois de ter experimentado esta fórmula diariamente por um período de 33 dias ou mais, por favor envia-me o teu feedback, contribuindo desta forma para as minhas necessidades de crescimento e suporte. se não queres experimentar o livro envia-me o teu feedback à mesma e conta-me o que pensas acerca dele e o que sentes em relação a ele.

desejo-te muito amor, luz, aprendizagem e crescimento para a tua vida maravilhosa.

harald rothermel

site: www.awaykening.pt

blog: www.awaykening.net

mail: rothermel.harald@gmail.com

"a felicidade é o significado e propósito da vida,
todo o objetivo e fim da existência humana."

aristóteles

nas páginas seguintes:

formula mágica

em alemão

on the following pages:

magic formula

in german

dem leben deiner träume entgegen und weiter

harald rothermel

magische formel

nehme deinen inneren wert in anspruch

ein buch in drei sprachen

authorHOUSE®

133

AuthorHouse TM
1663 Liberty Drive
Bloomington, IN 47403
www.authorhouse.com
Telefon: +1-800-839-8640

Veröffentlicht von AuthorHouse   18.12.2012

ISBN: 978-1-4772-4620-7 (Taschenbuch)
ISBN: 978-1-4772-4621-4 (gebunden)
ISBN: 978-1-4772-4622-1 (e-book)

Blumenfoto der Titelseite © bagal www.pixelio.de

Dieses Buch wurde auf säurefreiem Papier gedruckt.

die antriebskraft für alles ist in dir. das ist die botschaft.

du bist tatsächlich imstande, dein leben in eine magische erfahrung zu verwandeln. mit *magische formel* erhältst du eine beschreibung und anleitung für eine einfache und doch sehr sehr wirksame und lebensverändernde übung. werde zu deiner eigenen inspiration und erschaffe das leben, das mit deiner persönlichen einzigartigkeit im einklang ist. dieses praktische buch ist sehr einfach und gleichzeitig fordert es dich heraus, das licht in dir endlich wahrzunehmen.

die innovative präsentation dieses buches in drei sprachen macht es dir möglich, es mit vielen menschen in deinen freundeskreisen zu teilen.

harald rothermel untersucht und studiert das warum und das wie der menschlichen existenz seit langem. seine praktische und einfache herangehensweise an dieses thema ermöglicht es jedem, haralds schriften zu verstehen und zu benutzen. seine provokative und nicht schlüssige sprache hilft dir dabei, deine eigene existenz und kondition als mensch zu hinterfragen. haralds besonderer traum ist es, das lernen, wachstum und die entwicklung von dir und millionen anderer menschen zu unterstützen.

"harald! ich liebe es!
dein buch hat mich in der seele berührt - danke!
beim lesen fühlte ich, wie mein herz aufging.
dein buch ist nahrung für die seele.
herzlichen glückwunsch!"

bec james, australien

"ich mag das buch, das ich vor mir habe in erster linie als ein
handbuch oder eine landkarte, die jeder auf sein eigenes
`territorium´ anwenden kann."

antónio ramos dias, portugal

mache alles so einfach wie möglich,
aber nicht einfacher.

albert einstein

anmerkung des autors.

lieber leser,
mit diesem buch geht ein traum für mich in erfüllung. ein traum von dem ich bis vor kurzem gar nicht wusste, dass es ihn gibt. der traum davon, ein schriftsteller zu sein. mit der veröffentlichung dieses buches, sehe ich, dass ich meinen platz im leben gefunden habe. es passiert momentan gerade alles und fügt sich ein wie durch magie. ich fühle grossen enthusiasmus, dass du jetzt mein erstes buch in deiner hand hältst. es ist mir eine freude, dass du die worte liest, die ich mit dir teilen will. ich wünsche, dass dieses buch dir eine unterstützung sei auf deinem weg durch dieses leben. mir war die magische formel bisher immer sehr hilfreich für mein wachstum.

zu diesem buch.

ich schrieb dieses buch als einen vorschlag. es will dir ein hilfsmittel sein, den zugang zur freude und erfüllung, die dem (deinigen) leben innewohnen, wieder zu öffnen. ich möchte, dass es sich füllt von dir, denn du bist der schöpfer deiner wirklichkeit. ich will nichts erschaffen in deinem leben. ich sage dir nicht, was du tun sollst. das macht für mich keinen sinn, denn du weisst am besten wie und was du tust, du bist der experte was dich betrifft.

ich schreibe nur das absolute minimum an worten. einfachheit ist einer der wichtigsten schlüssel zu perfektem verständnis und glücklichsein.
ich möchte, dass dieses buch durch deine kreativität und eingebung lebendig wird. ich möchte auch zu deinem wachstum, lernen und ausdehnen beitragen, denn ausdehnung und entfaltung sind natürliche zustände dieser physichen existenz. ich schreibe dieses buch als beitrag zum loslassen des widerstandes und des drängens und um wieder zurückzukommen in den natürlichen fluss deines lebens. ich möchte, dass du deinen natürlichen zustand von gesundheit, leichtigkeit und wohlergehen wiedererlangen kannst. lass einfach los und sei.

die botschaft zu finden, die wir uns selbst mitteilen wollen, ist in meinem verständnis von allergrösster bedeutung. die botschaft, die aus deinem tiefen inneren kommt, die noch leise stimme, deine seele, dein inneres wissen, wie auch immer du es nennen willst. nicht die botschaften deines kopfes, denen du den ganzen tag lauschst. nein, ich meine *deine* botschaft.

ich wünsche mir, dass du durch dieses buch etwas verändern kannst in deinem leben, deshalb ist es ein praktisches buch, das du jeden tag benutzen kannst. bitte fülle es mit deinen eigenen worten, zeichnungen, anmerkungen, kritzeleien und so weiter, lass es wachsen mit dir.

vorwort.

die magische formel für ein erfülltes und glückliches leben, die ich dir in diesem buch vorstelle, besteht aus zwei teilen, dem geheimniss und einer handlung:

das geheimnis:

die antriebskraft für alles ist in mir

und:

ich alleine bestimme die wirklichkeit, die ich erlebe

alles in meinem leben hängt von mir ab

ich bin nur mir selbst gegenüber verpflichtet

die handlung:

diehandlung,dieichdirvorschlage,bestehtausdemwiederhervorbringen des geheimnisses aus dem unterbewusstsein zurück ins bewusstsein. ich glaube, dass du es tief in dir drin schon immer gekannt hast. ich glaube auch, dass es zum geheimnis wurde, weil du es vergessen hast und dieses uralte wissen in dem unbewussten teil deines hirnes abgelegt hast.

wie du durch eine konkrete handlung dieses dir innewohnende wissen wiederentdecken kannst, beschreibe ich in den folgenden zeilen. bitte beachte, dass es sich lediglich um eine anregung handelt. du magst vielleicht andere wege finden, das geheimnis in dir zu lüften und in dein stetiges bewusstsein zurückzuholen.

wie du dieses buch benutzen kannst:

da wir in unserer essenz alle dasselbe und alle teil vom selben sind, ist das geheimnis auf dem alles beruht, auch nur eins. und es liegt (oder sitzt oder steht oder . . .) ganz tief in dir drin.

weil wir verschieden sind in unserer lebenserfahrung, sind wir dem anschein nach alle verschieden und sehen verschiedene dinge auf verschiedene art und weise und erachten verschiedene dinge als anziehend oder abstossend. deshalb drücken wir das geheimnis auf verschiedene weisen aus, obwohl es im grunde immer nur ein einziges ist.

mit diesem buch kannst du dein eigenes, privates, sinnhaftes, effektives geheimnis in einer einfachen und lebenserneuernden weise entdecken und benutzen:

wenn du willst, öffne dieses buch an einer beliebigen stelle* zwischen den seiten 141 und 187. lies den satz, der dich gefunden hat, laut vor und spüre, was sich dabei in dir bewegt. falls sich etwas in dir bewegt, lies den satz noch weitere male laut vor und beobachte, was nun in dir lebendig wird. beobachte.
es ist wichtig, dass du einfach nur beobachtest, und atmest, tief und langsam . . .
dann markiere die seite in irgendeiner weise oder notiere den satz an einem ort deiner wahl. öffne das buch erneut an einer beliebigen stelle und gehe mit dem nun gefundenen satz genauso vor wie mit dem vorherigen. dann finde einen weiteren satz und einen weiteren und so weiter.

du wirst wahrscheinlich eine bestimmte anzahl von sätzen finden, die etwas in dir bewegen, irgendeine anzahl zwischen einem und allen sätzen in diesem buch. ich bin mir sicher, dass zumindest einer von ihnen etwas in dir bewegen wird.

schreibe die sätze, die etwas in dir bewegen, diejenigen, die dich wirklich inspirieren, auf eine der leeren seiten am ende des buches oder an eine andere, beliebige stelle und sprich sie, morgens nach dem aufwachen, mindestens zehnmal laut aus. wenn dir tagsüber danach ist, wiederhole sie, so oft du willst. tue dies nun jeden tag, jeden tag, jeden tag, jeden tag. ich schlage dir vor, es vor einem spiegel zu tun, damit du dich noch mehr auf dich konzentrieren und dir liebend in die augen schauen kannst.

durch tägliches wiederholen wirst du die stärksten sätze herausfinden und sie beibehalten, andere dazu finden, sie um- oder neu schreiben, woanders inspirierende sätze finden und fortlaufend verändern, wenn dir danach ist.

in wenigen tagen wirst du deine eigene, flexible, starke magische formel gefunden haben, die dich begeistert, dir spass macht und grosse veränderungen in deinem leben und erleben hervorrufen wird, deinen wünschen und idealen entgegen und über sie hinaus.

das alles einfach nur durch das tägliche wiederholen deines besonderen, intimen geheimnisses. mache dir daraus ein ganz besonderes vergnügen, ein geschenk an dich selbst.

erlaube den veränderungen etwas zeit, um sich in deinem leben zu manifestieren, die zeitdauer ist von person zu person verschieden. dies hängt von dir ab, du bestimmst wo es in deinem leben lang geht. dein weg ist *dein* weg.

sollte dir die anwendung dieses buches momentan keine erfolgserlebnisse bringen, behalte das buch bitte und komm zurück zu ihm, wenn die zeit reif ist dafür.

falls es für dich funktioniert, dann hast du dein eigenes privates geheimnis immer bei dir im gedächtnis und kannst es in aller art von situationen anwenden. lass es immer lebendig und vergnügt bleiben und sich verändern, wenn dir danach ist. genauso wie du dich ständig veränderst, so erlaube bitte auch deinem geheimnis sich zu verändern.

eine anregung: du kannst besondere versionen für besondere gegebenheiten oder schwierigkeiten finden. immer in dem bewusstsein:

alles in deinem leben ist deine verantwortung

das gleichnis.

das gleichnis in bezug auf das geheimnis und die magische formel ist einfach, wie der einfache trick (sein geheimnis) hinter der illusion des zauberers, der dich erstaunen lässt, weil du glaubst, er hätte etwas ausserordentlich kompliziertes vollbracht. du versuchst zu verstehen, wie er das gemacht hat und erfindest die windigsten und wahnsinnigsten erklärungen, und erkennst nicht die einfachheit des tricks. falls der zauberer dir sein geheimnis hinter dem trick zeigen sollte, wirst du enttäuscht sein, weil du etwas besonderes und fantastischeres erwartet hattest und nicht so etwas simples und banales.
bitte schaue mal in dich heinein, ob das folgende so für dich zutrifft: du versuchst den sinn des lebens, den sinn der dinge, den sinn in allem zu erklären, erfindest die wildesten theorien und erkennst nicht die einfache wahrheit, auf der dein leben in dieser dimension beruht.

und die wahrheit ist so einfach wie das geheimnis das ich vorher genannt habe.
„wie?"
„das ist alles?"—wirst du fragen und die einzige antwort, die ich dir geben kann, ist:
ja. :)

das einzige, das einen guten zauberer auszeichnet, ist seine fingerfertigkeit, und die hat er sich durch ausgiebiges üben angeeignet. genauso verhält es sich mit der magischen formel: die wirkung wird erst richtig spür—und sichtbar durch fortlaufendes wiederholen. ausserdem werden die menschen um dich herum deine positiven veränderungen wahrnehmen und davon begeistert sein, genauso wie du von der illusion des zauberers begeistert bist.

143

bitte berücksichtige: zu glauben, dass dies alles in einer geradlinigen form passiert, ist nur eine weitere illusion. absolut nichts auf unserer reise durch diese welt ist linear.

ich lade dich ein, diese einfache und lebenserneuernde übung mindestens 33 tage** lang auszuprobieren und mir dann dein feedback zukommen zu lassen, denn ich möchte liebend gerne teilhaben an deiner weiterentwicklung.

ich wünsche dir ein riesenvergnügen beim finden und `spielen´ mit deiner eigenen, besonderen, magischen formel.

* falls du die e-book version vor dir hast, bitte drucke sie aus. sei es dir lieber sie nicht auszudrucken, dann schliesse bitte deine augen und scrolle über die satzseiten, öffne deine augen wieder und gehe mit dem gefundenen satz wie im obigen text beschrieben, vor.

**der zeitraum von 33 tagen wird als minimum angesehen um neue gewohnheiten effektiv im lebensablauf zu fixieren.

willst du dein leben neu definieren?

beginne damit, dich selbst neu zu definieren!

jetzt!

ich bin alles in potenzial

ich nutze was für mich passt, alles andere lasse ich los

ich alleine habe die verantwortung

ich tue alles aus eigenem interesse heraus

ich bin der schöpfer meiner realität in jedem moment

ich bin energie

ich bin licht

ich verändere mich ständig

alles verändert sich ständig

ich lasse los

ich lasse sein

wir sind alle teil des selben bewusstseins
und der selben energie

mein körper ist ein vorübergehender zustand, den ich
mir ausgesucht habe

ich bestimme was ich tue, immer

ich kann alles verändern

kontinuierliche beobachtung bewirkt veränderung

ich bin still inmitten von chaos und widrigkeit

zeit ist eine illusion, meine illusion

ich finde neue lösungen, ständig

das gesamte universum unterstützt mich bei allem, was
ich wirklich will

ich baue von mir geschaffene konditionierungen
in mir ab

alles ist möglich

was heute unmöglich erscheint, wird morgen
allgemeingültig sein

alles trägt zu meinem wachstum und lernen bei

in wirklichkeit ist nichts passiert, alles ist in ordnung

ich bin völlig in ordnung, so wie ich bin

ich sorge für mich

ich tue immer was ich will

ich wurde nackt geboren und werde nackt sterben

ich lebe aus meiner eingebung heraus

ich verletze weder mich noch andere

ich vertraue

ich kann

ich akzeptiere

ich liebe

ich bin liebe

die welt ist genauso, wie ich sie sehe

ich habe zugang zu aller weisheit und kenntnis,
die ich brauche

ich bin bewusst

ich dehne mich aus

ich dehne mich aus, inmitten von einengung

was ist, ist

ich lerne und wachse in allen situationen

ich tue nur das, was ich wirklich will
und was leicht für mich ist

zuerst sorge ich für mich um dann
für andere sorgen zu können

ich bin friedlich und still wie ein sommersee

ich bin stark

danke.

an alle menschen, die mir auf meinem weg bisher begegnet sind und mich durch diese begegnung unterstützt haben zu wachsen und zu lernen, ein dickes dankeschön tief aus meinem liebenden herzen heraus. ich danke dir dafür, du selbst zu sein.

achtung.

es benötigt viel mut, alte gewohnheiten zu verändern und dem göttlichen in dir wieder in die augen zu schauen. es liegt bei dir, ob du genauso weitermachen willst wie bisher oder ob du dein leben beim schopfe packst, und es regelmässig anständig durchschüttelst um dich auf die anstehenden veränderungen einzulassen. *magische formel* will dir beim durchschütteln unterstützend zur seite stehen.

falls du an den punkt gelangen solltest, an dem du denkst, dass du es gefunden hast, an dem du denkst, du weisst nun bescheid, es ist alles klar und alles kann so bleiben, wie es ist, dann bleibe bitte nicht stehen, sage: „was kommt als nächstes?" und gehe weiter, denn es kommt immer wieder etwas neues.

das ist wichtig, um nicht zu stagnieren, denn solange du in diesem leben verweilst, ist wachstum und bewegung ein wichtiger teil dieser lebens-erfahrung.

ich halte es für absolut unerlässlich, so gut und oft wie möglich mit dir selbst in verbindung und einklang zu kommen, um das momentum von kontinuierlicher bewegung und veränderung aufrecht zu erhalten. wenn du tust was du liebst, bist du angetrieben von der ständig verfügbaren lebens-energie. kannst du sie spüren?

endwort.

ich schrieb dieses buch im mai 2010 in einer halben stunde. es kam zu mir und ich schrieb es nieder. es war wie in einem traum.
110 tage lang habe ich täglich meine magische formel angewendet, es war eine fantastische erfahrung mit mir selbst in ständiger und

intimer verbindung zu stehen. seit dem ist mir die magische formel zum unentbehrlichen gefährten geworden.

ich habe dieses buch absichtlicherweise einfach gehalten. denn es handelt von der einfachheit des lebens, die du möglicherweise vergessen hast.

ich möchte dich dazu anregen, dieses buch mit dir selbst zu füllen, mit deinen eigenen erlebungen, geschichten, wahrheiten, gefühlen, bedürfnissen, kommentaren, gedanken, gemälden, beobachtungen usw.

es ist meine ausgesprochene absicht, alles in positiver, lebensbejahender form zu schreiben. ich bin davon überzeugt, dass ich mich mit dem ausdruck negativen inhalts nur auf negative pfade und mit positivem ausdruck nur auf positive pfade bringen kann.

ich wünsche mir, mit diesem buch zu deiner freude und glücklichsein, deinem wachstum und fortlaufenden lernen beitragen zu können. und es ist mein traum zum glück, wachstum und lernen von millionen von menschen beizutragen. deshalb bitte ich dich freundlich, dieses buch mit all deinen freunden und bekannten zu teilen.
ich bin dankbar.

nachdem du die magische formel ausgiebig getestet hast (ich schlage ein minimum von 33 tagen vor) sende mir bitte dein feedback. so kannst du zur erfüllung meines bedürfnisses nach wachstum und unterstützung beitragen. falls du die *magische formel* jetzt noch nicht ausprobieren möchtest, sage mir bitte trotzdem was du davon hälst und was das lesen dieses buches in dir ausgelöst hat.

ich wünsche dir viel sonne, liebe und wachstum für dein leben.

harald rothermel

e-mail rothermel.harald@gmail.com

site www.awaykening.com

blog www.awaykening.net

happiness is the meaning and the purpose of life,
the whole aim and end of human existence.

aristoteles